Denken, bevor es kostet

Wirtschaftlichkeit gestalten, bevor Produkte teuer werden

Harald M. Grundner

Bibliografische Information der Deutschen Nationalbibliothek:
Die Deutsche Nationalbibliothek verzeichnet diese Publikation
in der Deutschen Nationalbibliografie; detaillierte
bibliografische Daten sind im Internet über http://dnb.dnb.de
abrufbar.

Idee und Text: Harald M. Grundner

Verlag: BoD · Books on Demand GmbH, Überseering 33, 22297 Hamburg, bod@bod.de
Druck: Libri Plureos GmbH, Friedensallee 273, 22763 Hamburg
ISBN: 978-3-8192-2951-0

FSC
www.fsc.org

MIX
Papier aus verantwortungsvollen Quellen
Paper from responsible sources
FSC® C105338

Inhalt

Vorwort

Wirtschaftlichkeit ist kein später Reflex. Sie ist eine Gestaltungsaufgabe. Diese Erkenntnis begleitet mich seit über drei Jahrzehnten in meiner Arbeit mit Unternehmen, Führungskräften und Teams – quer durch Branchen, Projekte und Produkte.

Seit 1985 begleite ich Entwicklungsprojekte – als Konstrukteur, Projektleiter, Berater und Trainer. Was ich dabei immer wieder erlebe: Viele gute Ideen scheitern nicht an ihrer technischen Machbarkeit, sondern an fehlender Klarheit über Wert, Nutzen und Aufwand. Zu oft beginnen Projekte mit Begeisterung und enden in Kompromissen – weil das Thema Kosten zu spät, zu isoliert oder zu defensiv betrachtet wird.

Dabei ist genau hier der Hebel: Wer früh den Zusammenhang zwischen Kundennutzen, Funktion und Aufwand versteht, kann gezielt gestalten – statt später hektisch zu korrigieren. Mit der Methode Wertanalyse bin ich dieser Haltung früh begegnet. Sie hat mein Denken geprägt – und ist heute mehr denn je ein wirksames Werkzeug für wirtschaftlich tragfähige Innovation.

In diesem Buch möchte ich meine Erfahrung bündeln und teilen: mit Menschen, die Verantwortung tragen – für Produkte, Services, Projekte, Teams. Es ist kein Methodenhandbuch im engen Sinne, sondern eine Einladung zum Umdenken. Die vorgestellten Konzepte sind praxiserprobt, methodisch fundiert und sofort anwendbar – ob im KMU oder im Konzern, ob im technischen oder im organisatorischen Kontext.

Ich danke allen die mich mit ihren Fragen, Widersprüchen und Ideen inspiriert haben Wirtschaftlichkeit als Chance zur Fokussierung nicht als Grenze zu sehen.

Mein Wunsch ist, dass dieses Buch Sie zum Handeln bringt, nicht nur zum Lesen. Denn das Potenzial liegt in der Anwendung nicht in der Theorie.

Einleitung – Wirtschaftlichkeit neu denken

Produkte zu entwickeln, die Kunden begeistern, technisch überzeugend und gleichzeitig wirtschaftlich tragfähig sind – das ist der Anspruch, mit dem viele Unternehmen heute in ihren Märkten bestehen wollen. Doch noch immer beginnt die Auseinandersetzung mit Kosten oft zu spät. Entscheidungen sind längst gefallen, Ressourcen gebunden, der Marktstart rückt näher – und plötzlich passt die Marge nicht. Was dann folgt, sind hektische Korrekturen, kostspielige Nachbesserungen oder Einschränkungen auf den letzten Metern.

Doch es geht auch anders: **Wirtschaftlichkeit ist kein später Korrekturmodus – sie ist ein Gestaltungskriterium**. Und zwar von Anfang an. Wer Wert, Funktion und Aufwand früh zusammen denkt, gestaltet nicht nur günstiger – sondern besser. Denn echte Wirtschaftlichkeit entsteht durch Fokus - nicht durch Sparen. Durch Klarheit - nicht durch Kontrolle.

Wirtschaftlichkeit wird nicht auf Herstellungskosten verengt. Wer langfristig bestehen will, muss auch ökologische und soziale Anforderungen ernst nehmen – und das nicht als moralische Geste, sondern als Teil wirtschaftlicher Verantwortung. Nachhaltigkeit ist kein Nebenschauplatz. Sie ist ein Kostenfaktor, ein Marktzugang, ein Risikofilter – und ein Differenzierungsmerkmal. Genau deshalb gehört sie in dieselbe Denkwelt wie Kundenwert, Funktionskosten und Ressourceneffizienz.

Dieses Buch lädt dazu ein, das Verhältnis von Kundennutzen, Funktionen und Kosten neu zu betrachten – nicht als Zielkonflikt, sondern als Entwicklungsprinzip. Es geht darum, Kosten nicht zu reparieren, sondern Wirkung zu gestalten. Und es zeigt, wie Methoden wie Target Costing, Design to Cost und Wertanalyse, genau dort angreifen, wo die entscheidenden Weichen gestellt werden: beim ersten Gedanken an das Produkt, an den Prozess, an die Lösung.

Dabei geht es nicht um ein weiteres Methodenhandbuch. Es geht um einen Perspektivwechsel: **vom Reagieren zum Gestalten, vom Silodenken zur Wirkung, vom Kostenproblem zur unternehmerischen Verantwortung**. Die Kapitel bauen aufeinander auf, greifen zentrale Fragestellungen auf – und machen deutlich, dass wirtschaftliche Produktentwicklung weder trocken noch technokratisch sein muss. Sondern strategisch, sinnvoll und zukunftsfähig.

Wirtschaftlichkeit ist kein Widerspruch zu Qualität oder Innovation. Im Gegenteil: **Sie ist ihre Voraussetzung** – wenn man sie rechtzeitig ernst nimmt. Dieses Buch will dafür ein Plädoyer sein

Management Summary – Wert gestalten, bevor es kostet

Wer erst am Ende über Kosten spricht, verspielt mehr als Geld. Er vergibt Chancen: auf bessere Produkte, klare Entscheidungen, echte Innovation. Wirtschaftlichkeit entsteht nicht durch spätes Sparen – sondern durch frühes Gestalten. Dieses Buch ist ein Aufruf zum Umdenken: von reaktivem Kostendruck zu proaktivem Wertbewusstsein.

Der Schlüssel liegt im Dreiklang aus Kundennutzen, Funktion und Kosten. Wer versteht, was der Kunde wirklich braucht, kann gezielt entscheiden, was ein Produkt leisten soll – und was es kosten darf. Methoden wie Target Pricing, Design to Cost und Wertanalyse liefern das Rüstzeug, um diesen Anspruch umzusetzen. Doch sie wirken nur, wenn sie früh greifen – im Denken, im Team, in der Organisation.

Wirtschaftliche Gestaltung ist kein Tool-Thema. Sie ist Führungsaufgabe, Haltungsfrage und strategischer Erfolgsfaktor. Sie verlangt Klarheit, Mut zur Entscheidung und Zusammenarbeit über Silogrenzen hinweg. Und sie eröffnet Freiräume: für Innovation, für Differenzierung, für Kundenbindung.

Auch ökologische Verantwortung, soziale Anforderungen und unternehmerische Nachhaltigkeit lassen sich in diese Denkweise integrieren – fundiert, methodisch und wirtschaftlich. ESG ist kein Zusatzthema, sondern Teil wirksamer Entwicklung. Wer es früh einpreist, spart später an Risiken, Komplexität und verlorenen Chancen.

Dieses Buch zeigt, wie Wirtschaftlichkeit vom Nebenschauplatz zur Leitlinie wird – systematisch, praxisnah, anwendungsneutral. Es richtet sich an Menschen, die nicht nur rechnen, sondern gestalten wollen. Die Verantwortung übernehmen. Die Wirkung erzeugen. Und die Zukunft ihrer Produkte, Services und Geschäftsmodelle nicht dem Zufall überlassen.

Lesen Sie dieses Buch – und dann handeln Sie.

Wirtschaftlichkeit beginnt mit einem Gedanken. Aber sie verändert alles – wenn man ihn konsequent zu Ende denkt.

Kapitel in der Übersicht

Vom Reagieren zum Gestalten – Wirtschaftlichkeit beginnt mit dem ersten Gedanken
Das Einstiegskapitel stellt den zentralen Paradigmenwechsel vor: weg vom späten Reagieren, hin zum frühzeitigen wirtschaftlichen Gestalten. Es macht deutlich, warum Kosten kein nachgelagertes Problem sind – sondern eine strategische Frage, die mit dem ersten Entwicklungsgedanken beginnt.

Kundennutzen, Funktionen, Kosten – das neue Dreieck
Das grundlegende Bezugsmodell für wirtschaftliches Entwickeln - der Zusammenhang von Kundennutzen, Funktionen und Funktionskosten. Das Kapitel zeigt, wie dieses Spannungsfeld zu einem wirkungsvollen Kompass wird – für produktive Entscheidungen, die sich am Wert orientieren, nicht am Aufwand.

Methoden, die wirken – fundiert und praxisnah
Antworten darauf, wie sich der strategische Denkansatz in konkrete Werkzeuge übersetzen lässt: Target Pricing, Target Costing, Design to Cost, Wertanalyse, Value Engineering etc. – methodisch, aber verständlich.

Organisation auf Wirkung ausrichten.
Methoden allein genügen nicht, wenn die Organisation nicht entsprechend aufgestellt ist – und wie Strukturen, Prozesse und Zusammenarbeit gestaltet werden müssen, damit wirtschaftliche Wirksamkeit tatsächlich entsteht.

Führung bedeutet – Fordern, befähigen, fördern
Die Rolle von Führung im wirtschaftlichen Gestalten ist essenziell. Das Kapitel zeigt, wie Führung durch Klarheit, Vertrauen und Verantwortung den Rahmen schafft, in dem Teams Wirkung entfalten können – und warum Wirtschaftlichkeit kein Kontrollinstrument, sondern ein Führungsprinzip ist.

Wertanalyse weiterdenken – für Zukunft und Komplexität

Den Brückenschlag schaffen zwischen bewährter Methode und neuen Herausforderungen. Überlegungen, wie sich Wertanalyse weiterentwickeln muss, um in digitalen, dynamischen und vernetzten Systemen wirksam zu bleiben.

Wirtschaftlichkeit gestalten – nicht reparieren,

Anregungen zum zentralen Mindset-Wechsel: Weg vom nachträglichen Kostensenken, hin zur frühzeitigen, vorausschauenden Kosten-Gestaltung – mit Blick auf Produkt, Prozess und gesamte Wertschöpfung

Kostenfalle Altprodukt – Der Preis gelebter Tradition

Besonders deutlich wird die Notwendigkeit frühzeitiger wirtschaftlicher Gestaltung am Beispiel von Altprodukten. Denkanstöße dazu: „Warum Altbewährtes oft teuer wird – und wie ein funktionaler Neubeginn wirtschaftliche Klarheit schafft".

Smarte Systeme wirtschaftlich denken – von der Lösung zum Systemwert,

Das Kapitel zeigt, wie sich der Fokus von Produkten zu integrierten Systemlösungen verschiebt und warum funktionalwirtschaftliches Denken gerade im digitalen, vernetzten Kontext essenziell ist.

Variante? Klar -aber bitte mit System

Komplexe Systeme entfalten erst dann ihren wirtschaftlichen Wert, wenn auch die Vielfalt gezielt gestaltet wird. Warum beliebige Varianten nicht automatisch Marktchancen bedeuten – sondern oft Kostenfallen sind – erläutert das Kapitel.

Wert entwickeln – Zukunft gestalten,

Versuchter Brückenschlag vom heutigen Denken zu einer zukunftsorientierten Entwicklungskultur der zeigt, wie „Wert" zur zentralen Kategorie unternehmerischer Gestaltung wird.

Zukunft beginnt jetzt - Nachhaltigkeit einpreisen

Nachhaltigkeit ist längst kein moralisches Bonusprogramm mehr, sondern betriebswirtschaftliche Realität mit spürbaren Auswirkungen. Es gilt zu klären: Welche ökologischen und sozialen Anforderungen sind relevant – und was bedeuten sie für unsere Wirtschaftlichkeit?

Jetzt gestalten, nicht verwalten

Jetzt gestalten, nicht verwalten stößt den Umdenkprozess an und öffnet den Raum für entschlossenes Handeln, motiviert dazu, die Ärmel hochzukrempeln – um Wert bewusst zu gestalten, statt Kosten später zu korrigieren

Vom Reagieren zum Gestalten – Wirtschaftlichkeit beginnt mit dem ersten Gedanken

In vielen Unternehmen beginnt die Auseinandersetzung mit Produktkosten zu spät. Es wird entwickelt, entschieden, gebaut – und erst dann, wenn Prototypen stehen oder die Serienfreigabe naht, werden die Kosten analysiert. Was als „Wirtschaftlichkeitsbetrachtung" bezeichnet wird, ist häufig eine Reparaturmaßnahme. Die Spielräume für wirksames Eingreifen sind zu diesem Zeitpunkt gering. Was bleibt, ist oft der Versuch, durch Detailoptimierungen die Kosten zu senken – mit überschaubarem Effekt, aber erheblichem Aufwand. Es ist der Moment, in dem Unternehmen realisieren: Nicht das Produkt ist zu teuer – sondern der Denkprozess war zu spät.

Die Frage lautet deshalb: "Wie gelingt es, von Anfang an wirtschaftlich zu denken – ohne den Kundennutzen aus den Augen zu verlieren?" und nicht „Wie kann man nachträglich sparen?"

Die Antwort beginnt mit einem Perspektivwechsel: von der nachträglichen Kontrolle zur frühzeitigen Gestaltung. Denn Kosten sind nicht das Ergebnis technischer Entscheidungen – sie sind das Ergebnis gedanklicher Weichenstellungen. Wer früh entscheidet, wo Nutzen entsteht, wo Funktionen wichtig sind und wie Lösungen wirtschaftlich realisiert werden können, schafft Freiräume. Für Innovation, Qualität und Markterfolg.

Kosten sind gestaltbar – aber nur früh genug

Produktkosten entstehen nicht erst im Einkauf oder in der Produktion. Sie werden festgelegt, wenn Anforderungen formuliert, Konzepte entschieden und (Produkt-)Architekturen entwickelt werden. Genau dort liegen die größten Hebel – und genau dort wird in der Praxis oft zu wenig bewusst über Kosten nachgedacht. Funktionen werden entwickelt, weil sie technisch möglich sind. Anforderungen entstehen aus internen Annahmen.

Wirtschaftlichkeit wird angenommen, aber nicht gestaltet. Die Folge: Produkte sind funktional aufwendig, aber nicht marktgerecht. Sie erfüllen viele Anforderungen – aber nicht unbedingt die richtigen.

Der Irrtum vieler Organisationen liegt in der Annahme, Wirtschaftlichkeit sei eine Frage später Kontrolle. Doch Kontrolle ersetzt keine bewusste Gestaltung. Wirkliche Kostengestaltung beginnt, *bevor* technische Entscheidungen getroffen werden. Sie beginnt mit Klarheit über Zielgruppen, Nutzenversprechen und den Preis, den der Markt bereit ist zu zahlen.

Vom Markt denken – nicht vom Produkt

Der erste Gedanke im Entwicklungsprozess sollte nicht lauten: „Was können wir bauen?", sondern: „Was braucht der Kunde – und was darf es kosten?" Die Perspektive des Kunden ist dabei mehr als ein rhetorisches Element. Sie ist der Maßstab für Relevanz, Nutzen und letztlich wirtschaftlichen Erfolg. Wer versteht, was für den Kunden wertvoll ist, kann gezielt gestalten. Wer früh weiß, welcher Preis am Markt erzielbar ist, kann Rückschlüsse auf die erlaubten Kosten ziehen – und auf dieser Basis entscheiden, wie viel Aufwand gerechtfertigt ist.

Diese Logik marktorientierter Produktentwicklung verändert die Denkhaltung. Statt von innen nach außen zu arbeiten – von Technologie, Entwicklung und internen Zielen – wird umgekehrt gedacht: *vom Markt ins Unternehmen*, von außen nach innen. Zielkosten, also die maximal vertretbaren Produktkosten bei gegebener Preis- und Margenerwartung, werden zur Richtschnur für Entscheidungen – und nicht zur nachträglichen Rechtfertigung von Konzepten.

Denken in Wirkungen statt Lösungen

Ein zentrales Element wirtschaftlich wirksamer Entwicklung ist das funktionale Denken. Nicht Lösungen stehen im Vordergrund, sondern Wirkungen. Was soll das Produkt für den

Kunden leisten? Welche Funktionen sind wirklich relevant? Und welche Funktionen erzeugen nur Aufwand, aber keinen wahrgenommenen Nutzen?

Dieses Denken in Wirkungen hält den Lösungsraum möglichst lange offen – und schützt vor der vorschnellen Festlegung auf technische Ausprägungen. Es verhindert, dass zu früh Entscheidungen getroffen werden, die später teuer korrigiert werden müssen. Funktionen werden bewertet, priorisiert, hinterfragt. Erst wenn klar ist, welche Wirkung erzielt werden soll/ muss, beginnt die Suche nach der optimalen Lösung.

Diese Vorgehensweise ist nicht nur wirtschaftlicher – sie ist auch kreativer. Denn sie fordert dazu auf, neu zu denken. Nicht: „Welche Lösung ist bewährt?", sondern: „Wie kann eine Wirkung anders, einfacher, besser erzielt werden?"

Wirtschaftlichkeit ist kein Zufall – sondern Haltung

Wirtschaftliche Produkte entstehen nicht zufällig. Sie sind das Ergebnis bewusster Entscheidungen. Diese Entscheidungen setzen Klarheit voraus: über Nutzen, Zielgruppen, Kostenrahmen und die Relevanz von Funktionen. Wer diese Klarheit nicht hat, entwickelt ins Blaue. Und bezahlt später mit Mehraufwand, Korrekturen und Preisnachlässen.

Dazu braucht es keine heroischen Sparmaßnahmen. Sondern einen systematischen Denkprozess. Einen, der Kundennutzen und Kosten von Anfang an miteinander verknüpft. Der technische Begeisterung auf Relevanz prüft. Und der nicht nach Lösungen sucht, sondern nach Wirkung.

Diese Haltung lässt sich nicht delegieren – sie muss in der Organisation verankert sein. In Prozessen, in Methoden, in Führung. Sie beginnt mit der Entscheidung, nicht mehr nur zu entwickeln, was möglich ist, sondern das, was wirkt – und sich rechnet.

Wer erst spät über Kosten spricht, verliert Gestaltungsspiel-
räume – wer früh in Wirkung, Nutzen und Wirtschaftlichkeit
denkt, gewinnt Markt, Kunden und Innovation.

Kundennutzen, Funktionen, Kosten – das neue Dreieck

Produkte entstehen heute in einem Spannungsfeld: zwischen technischer Machbarkeit, wirtschaftlichem Aufwand und den Erwartungen der Kunden. Doch dieses Spannungsfeld ist kein Problem – es ist der Gestaltungsspielraum. Wer ihn nutzt, entwickelt Lösungen, die nicht nur funktionieren, sondern wirken. Produkte, Dienstleistungen und Systeme, die genau das leisten, was Kunden brauchen – nicht mehr und nicht weniger.

Dazu braucht es ein neues Verständnis: Wirkung zählt mehr als Aufwand, Nutzen mehr als Ausstattung – und Kosten folgen dem Wert.

Der Perspektivwechsel: Was ist wirklich wertvoll?

In traditionellen Entwicklungsprozessen steht häufig die Lösung im Mittelpunkt. Teams suchen nach technischen Möglichkeiten, bauen Prototypen, feilen an Ausführungen. Erst spät kommt die Frage auf: „Wie viel kostet das eigentlich?" – oder schlimmer: „Wie bekommen wir das günstiger hin?"

Dieser späte Perspektivwechsel führt fast zwangsläufig zu Zielkonflikten: Zwischen Funktion und Preis, zwischen Qualität und Marge, zwischen Begeisterung und Budget.

Die Alternative ist ebenso einfach wie wirkungsvoll: Früh vom Nutzen her denken. Was ist der konkrete Mehrwert für den Kunden? Welche Wirkung soll erzielt werden? Was ist dem Kunden dafür wichtig – funktional, emotional, wirtschaftlich?

Nicht jede Funktion, die technisch machbar ist, erzeugt Nutzen. Und nicht jeder Nutzen erfordert komplexe Technik. Die Kunst liegt darin, Wirkung zu erkennen, zu bewerten – und gezielt zu gestalten.

Funktionen sind Träger des Kundennutzens

In der funktionalen Sichtweise ist jedes Produktbündel eine Sammlung von Wirkungen. Ein Produkt „tut" etwas – für den Nutzer. Es schützt, verbindet, transportiert, informiert, erleichtert, inspiriert. Diese Wirkungen, oder Funktionen, sind der Schlüssel zur Wirtschaftlichkeit. Denn jede Funktion hat einen Nutzen – und jede Funktion kostet.

Das neue Dreieck ist einfach:

- *Kundennutzen*: Was bringt die Funktion dem Nutzer?
- *Funktion:* Welche Wirkung wird erzielt?
- *Kosten:* Was muss aufgewendet werden, um diese Funktion bereitzustellen?

Diese drei Elemente müssen ausbalanciert werden. Eine Funktion mit hohem Nutzen darf auch etwas kosten. Eine Funktion mit geringem Beitrag zum Gesamterlebnis sollte möglichst effizient – oder gar nicht – umgesetzt werden.

Diese Priorisierung ist nicht nur ökonomisch – sie ist strategisch. Denn sie verschiebt den Fokus: Weg vom „Was können wir?" – hin zum „Was braucht der Kunde wirklich – und wie können wir es wirtschaftlich realisieren?"

Zielkosten als wirtschaftlicher Rahmen

Die Ableitung von Zielkosten (Target Costs) schafft Klarheit. Wenn der Marktpreis bekannt ist und eine angemessene Marge definiert wurde, ergibt sich daraus ein maximaler Kostenrahmen. Das ist nicht die Aufforderung zu blindem Sparen – sondern die Einladung zur Gestaltung: Wie können wir das, was der Kunde erwartet, innerhalb dieses Rahmens realisieren?

Zielkosten zwingen nicht zu Verzicht, sondern zur Entscheidung. Sie eröffnen einen wirtschaftlichen Denkraum, in dem kreative Lösungen entstehen. Die Frage lautet nicht mehr: „Was kostet es?", sondern: *„Was darf es kosten – gemessen am Kunden-nutzen?"*

Diese Sichtweise verändert Entwicklungsteams. Sie macht Kosten nicht zum Gegner, sondern zum Parameter. Ein Produktziel, das genauso wichtig ist wie Qualität, Termin oder Design.

Wert definieren – nicht addieren

Wert ist keine Summe von Funktionen. Wert ist die Wahrnehmung des Kunden, dass ein Produkt ihm hilft, ein Problem zu lösen, ein Ziel zu erreichen, ein Bedürfnis zu stillen. Diese Wahrnehmung entsteht nicht durch Funktionsfülle, sondern durch Relevanz und Passung. Ein überladenes Produkt kann genauso wenig überzeugen wie ein zu minimalistisches. Entscheidend ist die Funktionalität, die aus Sicht des Kunden zählt – und was er bereit ist, dafür einzusetzen.

In der Praxis bedeutet das: Funktionen werden nicht willkürlich entwickelt, sondern gezielt. Sie werden gewichtet, bewertet, priorisiert. Und: Funktionen ohne erkennbaren Nutzen werden bewusst vermieden oder gestrichen. Das ist kein Verlust – das ist kluge Konzentration.

Denn jedes zusätzliche Feature kostet nicht nur Geld, sondern Komplexität, Zeit, Material, Wartung – und Aufmerksamkeit.

Wirtschaftlichkeit ist Wirkung im Verhältnis zum Aufwand

Der wirtschaftliche Erfolg eines Produkts ist messbar. Er ergibt sich aus dem Verhältnis von erzeugter Wirkung zum dafür eingesetzten Aufwand. Ziel ist nicht, den Aufwand zu minimieren – sondern die Wirkung pro eingesetztem Aufwand zu maximieren. Das ist das Prinzip der Wertanalyse, und es ist hochaktuell.

Beispiel:

- Eine Funktion kostet 5 € und steigert den wahrgenommenen Wert um 20 € → sinnvoll.
- Eine Funktion kostet 10 € und ist dem Kunden nicht wichtig → streichbar.
- Eine Funktion kostet 2 € und löst ein zentrales Kundenproblem → zentral.

Diese Logik macht den Weg frei für faktenbasierte Diskussionen. Für sachliche Entscheidungen über Funktionen, Kompromisse, Aufwände. Sie schützt vor Übertechnisierung und Beliebigkeit. Und sie schafft die Basis für tragfähige, marktfähige Produkte.

Wirtschaftlich erfolgreiche Produkte entstehen, wenn Funktionen, Kosten und Kundennutzen gemeinsam gedacht, bewertet und gestaltet werden – nicht nacheinander, sondern von Anfang an.

Methoden, die wirken – fundiert und praxisnah

Wer Produkte, Prozesse, Abläufe wirtschaftlich und kunden-wirksam gestalten will, braucht mehr als gute Absichten. Es braucht Werkzeuge, die Klarheit schaffen, bevor Entscheid-ungen irreversibel sind. Methoden, die nicht nur analysieren, sondern gestalten helfen. Die gute Fragen stellen – und helfen, tragfähige Antworten zu finden. Methoden sind kein Selbst-zweck. Sie wirken dort, wo sie den Blick schärfen, den Dialog strukturieren und Entscheidungen erleichtern.

Dieses Kapitel zeigt, wie ausgewählte Methoden konkret zur Wirkung kommen – nicht als Checklisten, sondern als Teil eines Denkansatzes, der Nutzen, Funktion und Kosten systematisch verbindet.

Target Pricing – der Preis kommt zuerst

Die wirtschaftliche Gestaltung eines Produkts beginnt mit dem Preis, den der Kunde bereit ist zu zahlen. Target Pricing setzt genau hier an. Es leitet den Zielpreis nicht aus internen Kostenstrukturen ab, sondern aus dem Markt, aus Wettbewerb, Positionierung und wahrgenommenem Kundennutzen. Diese marktorientierte Perspektive erlaubt eine realistische Einschätzung dessen, was ein Produkt tatsächlich wert ist – nicht aus unternehmensinterner Sicht, sondern aus Sicht desjenigen, der es später nutzen und bezahlen soll.

Target Costing – der erlaubte Aufwand

Ist der Zielpreis ermittelt, folgt daraus unmittelbar die Definition eines wirtschaftlichen Rahmens. Target Costing leitet aus dem Zielpreis und der angestrebten Marge die maximal erlaubten Produktkosten ab. Damit steht nicht mehr die Frage im Raum, wie teuer ein Produkt geworden ist, sondern wie viel es kosten darf, um wirtschaftlich tragfähig zu sein. Diese Perspektive verändert Entwicklung: Technische Möglichkeiten müssen den wirtschaftlichen Rahmen erfüllen – nicht umgekehrt. Funktionen, Architekturen und Komponenten werden von Beginn an unter diesem Vorzeichen bewertet. Die Zielkosten werden damit zu einer bewussten Richtschnur für Gestaltung – kein Sparprogramm, sondern ein wirtschaftliches Zielbild.

Design to Cost – Gestalten mit wirtschaftlichem Fokus

Design to Cost geht noch einen Schritt weiter. Es ist keine isolierte Methode, sondern eine grundsätzliche Haltung in der Produktentwicklung. Produkte werden nicht entwickelt und später auf Wirtschaftlichkeit überprüft, sondern direkt innerhalb eines wirtschaftlichen Zielrahmens gestaltet. Entscheidungen über Materialien, Fertigungsprinzipien oder technische Lösungen werden unter dem Aspekt getroffen, wie sie zur Einhaltung von Zielkosten, Qualitätsanforderungen und Terminvorgaben beitragen. Design to Cost heißt: früh Verantwortung übernehmen. Nicht mehr „entwickeln und dann kürzen", sondern von Anfang an die wirtschaftliche Machbarkeit im Blick behalten. Es macht aus Kosten ein aktives Gestaltungskriterium und nicht nur ein späteres Korrektiv.

Wertanalyse und Value Engineering – Wirkung vor Aufwand

Noch weiter greift die Methode der Wertanalyse. Sie analysiert Funktionen auf ihre Bedeutung für den Kundennutzen und auf den Aufwand, der nötig ist, um diese Funktionen zu erfüllen. Dabei steht nicht der Preis im Mittelpunkt, sondern der erzeugte Wert. Jede Funktion wird in Bezug gesetzt zu ihrem Beitrag zur Produktwirkung – und zu den Ressourcen, die sie beansprucht. Funktionen mit hohem Kundennutzen bei geringem Aufwand gelten als besonders wertvoll. Funktionen, die kaum Nutzen stiften, aber hohe Kosten verursachen, werden kritisch hinterfragt. Die Wertanalyse führt zu Klarheit: Was ist funktional notwendig? Was erzeugt Begeisterung? Und was ist überflüssiger Ballast? Sie ist ein strukturierter Denkprozess, der Wirkung vor Aufwand stellt – nicht als Ideal, sondern als ökonomisches Prinzip.

User Experience & Funktionenbewertung – was begeistert wirklich?

Auch die Perspektive der Nutzer spielt eine entscheidende Rolle. Methoden zur Analyse der User Experience helfen zu verstehen, wie Kunden Produkte tatsächlich erleben – funktional, emotional, intuitiv. Sie zeigen, welche Funktionen in der Anwendung überzeugen, welche irritieren und welche ungenutzt bleiben. Damit ergänzt die UX-Analyse die wertanalytische Sichtweise um eine weitere Dimension: die der subjektiven Wahrnehmung und der tatsächlichen Nutzung. Wirtschaftlichkeit entsteht nicht nur durch Einsparungen, sondern auch durch konsequente Konzentration auf das, was für den Nutzer wirklich zählt.

Methoden wirken im Zusammenspiel – nicht isoliert

All diese Methoden entfalten ihre Wirkung nicht isoliert, sondern im Zusammenspiel. Die marktbasierte Zielpreisermittlung gibt die wirtschaftliche Richtung vor. Das Ableiten von Zielkosten zwingt zur Präzisierung des verfügbaren Aufwands. Design to Cost verknüpft technische Entscheidungen mit wirtschaftlicher Verantwortung. Die Wertanalyse strukturiert die Sicht auf Funktionen und Aufwand. Die UX-Perspektive stellt sicher, dass Nutzererleben und Funktionalität im Einklang stehen. Gemeinsam schaffen sie einen systematischen Rahmen für wirtschaftlich wirksame Produktgestaltung – sachlich, strukturiert, nachvollziehbar.

Was alle Methoden eint, ist ihre Wirkung auf die Kommunikation: Sie schaffen Fakten statt Meinungen, machen Annahmen explizit, fördern das Verständnis zwischen Disziplinen. Sie ersetzen Bauchgefühl durch begründete Entscheidungen – und sorgen dafür, dass wirtschaftliche Zielsetzungen nicht abstrakt bleiben, sondern konkret im Entwicklungsprozess verankert sind.

Methoden wie Target Costing, Design to Cost oder Wertanalyse sind keine Kontrolle – sie sind Werkzeuge, um den Kundennutzen gezielt zu gestalten und Wirtschaftlichkeit früh zu sichern.

Organisation auf Wirkung ausrichten

Methoden wirken nur, wenn sie Raum bekommen. Und sie entfalten nur dann ihre volle Kraft, wenn die Organisation sie mitträgt. In vielen Unternehmen bleibt das Denken in Zielkosten und Funktionen Theorie – nicht, weil es an Wissen fehlt, sondern weil die Organisation es nicht unterstützt. Entscheidungen werden sequenziell getroffen, Informationen zu spät geteilt, Verantwortung fragmentiert. So entstehen Produkte, die teuer sind, bevor jemand nach dem Preis gefragt hat.

Wirtschaftliche Produktgestaltung ist keine Aufgabe einzelner Rollen – sie ist eine organisatorische Haltung. Sie verlangt Strukturen, die Wirkung ermöglichen statt verhindern.

Silos denken linear – Wirkung entsteht vernetzt

Viele Entwicklungsprozesse folgen noch immer einem linearen Ablauf: Der Vertrieb sammelt Anforderungen, die Entwicklung konzipiert das Produkt, der Einkauf sucht Lieferanten, die Produktion prüft die Machbarkeit – und irgendwann meldet sich das Controlling mit einer Kostenübersicht. In diesem Modell arbeiten alle Beteiligten – aber nicht zusammen. Informationen gehen verloren, Kosten werden zur nachträglichen Überraschung, Zielkonflikte eskalieren spät. Kompromisse entstehen nicht durch Austausch, sondern durch Korrektur.

Diese Silo-Logik steht der wirtschaftlichen Gestaltung von Anfang an im Weg. Denn Kosten entstehen nicht isoliert in einer Abteilung, sondern im Zusammenspiel: durch Entscheidungen über Materialien, Toleranzen, Varianten, Lieferanten, Stückzahlen. Wer Wirklichkeit gestalten will, muss diese Zusammenhänge sehen – und gemeinsam steuern.

Wirkung entsteht nicht dort, wo jeder für sich effizient arbeitet, sondern dort, wo disziplinübergreifend gedacht und entschieden wird. Das bedeutet: frühe Interaktion statt späte Übergaben.

Wirkung braucht Interdisziplinarität – von Anfang an

Die wirkungsvollsten Produkte entstehen nicht im Elfenbeinturm der Entwicklung, sondern im Dialog. Entwicklung, Einkauf, Produktion, Controlling, Service und Marketing – sie alle tragen zur Qualität und Wirtschaftlichkeit bei. Doch dieser Beitrag entsteht nicht durch bloßes Mitwirken, sondern durch aktive, gleichberechtigte Beteiligung.

Wirklich interdisziplinäre Produktentwicklung beginnt mit einem klaren Zielbild, das von allen verstanden und getragen wird: Welche Wirkung soll das Produkt erzeugen? Welcher Marktpreis ist realistisch? Welche Funktionalitäten sind zentral? Welche Einschränkungen sind zu beachten – und welche Spielräume bestehen?

Daraus ergibt sich ein gemeinsames Verständnis – über Prioritäten, Risiken, Zielkonflikte. Entscheidungen werden nicht mehr im Nachgang diskutiert, sondern gemeinsam vorbereitet. Das senkt nicht nur den Aufwand für Korrekturen – es verbessert die Qualität der Lösungen erheblich.

Interdisziplinarität ist dabei kein Selbstzweck. Sie ist die Voraussetzung, damit alle relevanten Perspektiven früh einfließen können: technische Machbarkeit, wirtschaftlicher Rahmen, Kundenwünsche, Lieferfähigkeit, Skalierbarkeit.

Prozesse synchronisieren – nicht sequenzieren

Die klassische Produktentwicklung folgt oft dem Prinzip „erst denken, dann prüfen, dann korrigieren". Dieses sequenzielle Vorgehen mag in stabilen Umfeldern funktionieren – in dynamischen Märkten und komplexen Anforderungen führt es jedoch zu hohen Kosten, langen Durchlaufzeiten und steigendem Änderungsaufwand.

Wirkungsorientierte Organisationen denken anders. Sie synchronisieren Prozesse, schaffen Rückkopplungsschleifen, fördern frühes Feedback und paralleles Arbeiten. Statt Aufgaben von Abteilung zu Abteilung zu geben, entstehen Teams, die gemeinsam an Lösungen arbeiten – mit einem klaren Ziel, klaren Regeln und klarer Verantwortung.

Dieser Wandel ist kulturell herausfordernd. Denn er bedeutet: Entscheidungen werden früh getroffen, aber unter Unsicherheit. Verantwortlichkeiten überlappen sich. Und Fehler werden sichtbar – nicht erst am Ende, sondern mitten im Prozess.

Doch genau das ist der Gewinn: Transparenz, Geschwindigkeit und die Möglichkeit, zu gestalten, solange es noch möglich ist.

Verantwortung für Wirtschaftlichkeit – nicht delegierbar

Häufig wird wirtschaftliche Verantwortung an eine einzelne Rolle delegiert: den Controller, den Projektleiter, den Kostenmanager. Doch Wirtschaftlichkeit ist kein isoliertes Ziel – sie ist das Ergebnis von Entscheidungen, die überall im Prozess getroffen werden.

Deshalb muss Wirtschaftlichkeit eine gemeinsame Verantwortung sein – und als solche verstanden werden. Jede Funktion, jedes Bauteil, jedes Konzept beeinflusst die Kostenstruktur. Und jede Entscheidung über Funktionalität, Design oder Fertigung beeinflusst den Wert, den das Produkt für den Kunden erzeugt.

Diese Verantwortung muss sichtbar und *besprechbar* werden. Sie beginnt mit der Frage: Was ist der Beitrag dieser Lösung zur Gesamtwirkung des Produkts – und ist der Aufwand dafür gerechtfertigt? Wer diese Frage früh stellt, verhindert späte Korrekturen. Wer sie konsequent stellt, verändert die Kultur.

Wirtschaftlichkeit braucht Struktur – aber vor allem Haltung

Eine wirkungsorientierte Organisation lebt nicht nur von Prozessen, Rollen oder Tools. Sie lebt von einer gemeinsamen

Haltung: dem Willen, Produkte zu schaffen, die am Markt bestehen – weil sie sinnvoll, funktional und wirtschaftlich sind. Diese Haltung zeigt sich in Meetings, in Entscheidungen, in Konflikten.

Es ist der Unterschied zwischen reaktivem Anpassen und proaktivem Gestalten. Zwischen nachträglicher Rechtfertigung und frühzeitiger Verantwortung. Zwischen kundenorientierter Wirkung und technischem Selbstzweck.

Strukturen helfen, diese Haltung zu verankern – etwa durch klar definierte Zielkostenprozesse, durch Rollen mit funktionsübergreifender Perspektive oder durch Gremien, die früh Entscheidungen bewerten. Doch sie ersetzen nicht das Denken.

Was eine Organisation wirklich wirtschaftlich macht, ist nicht das perfekte System. Es ist die gelebte Überzeugung: Wir gestalten Wirkung – und tun es gemeinsam.

Eine Organisation, die Wirkung gestalten will, braucht vernetzte Verantwortung, frühe Zusammenarbeit und die Bereitschaft, Wirtschaftlichkeit als gemeinsame Aufgabe zu verstehen.

Führung bedeutet: Fordern, befähigen, fördern

Führung bedeutet: fordern, befähigen, fördern. Wenn wirtschaftliche Gestaltung früh beginnen soll, wenn Wirkung statt Aufwand im Zentrum steht, wenn Methoden greifen und Zusammenarbeit gelingt – dann braucht all das einen Rahmen. Dieser Rahmen ist Führungsaufgabe. Nicht im Sinne von Kontrolle oder Überwachung, sondern im Sinne von Haltung, Orientierung und Ermöglichung.

Führung entscheidet, ob aus Methoden Kultur wird. Ob Wirtschaftlichkeit als strategische Aufgabe verstanden wird – oder als unangenehme Notwendigkeit. Ob Kosten zur Korrektur werden oder zum Gestaltungsspielraum.

Kosten sind keine Einschränkung – sondern Fokus

Noch immer begegnet man in Unternehmen der Vorstellung, dass wirtschaftliche Zielvorgaben Innovationskraft einschränken. Dass Kreativität leidet, wenn Kosten früh zum Thema werden. Dass Begrenzung das Gegenteil von Gestaltung sei.

Doch das Gegenteil ist richtig. Klare wirtschaftliche Rahmenbedingungen fördern Kreativität – weil sie zwingen, sich auf das Wesentliche zu konzentrieren. Sie helfen, Prioritäten zu setzen und Wirkung zu maximieren. Ein klar definierter Kostenrahmen schafft Fokus: auf jene Funktionen, die für den Kunden entscheidend sind – und auf Lösungen, die technisch machbar und wirtschaftlich sinnvoll sind.

Führung bedeutet in diesem Zusammenhang nicht, Einschränkungen zu diktieren. Sondern Raum zu schaffen, in dem Teams selbstständig und verantwortungsvoll gestalten können – innerhalb klarer Leitplanken.

Wirtschaftlichkeit braucht Mut – und Entscheidungskraft

Früh über Kosten zu sprechen, heißt auch, früh Zielkonflikte sichtbar zu machen. Zwischen Funktion und Aufwand, zwischen Nutzererwartung und technischer Komplexität, zwischen idealer Lösung und wirtschaftlicher Machbarkeit.

Diese Zielkonflikte sind nicht vermeidbar – sie sind unvermeidlich. Entscheidend ist, wie damit umgegangen wird. Gute Führung erkennt Zielkonflikte nicht als Störung, sondern als Ausdruck von Verantwortung. Sie schafft Raum, in dem diese Konflikte offen benannt, gemeinsam abgewogen und auf Basis von Kundennutzen und Wirtschaftlichkeit entschieden werden.

Dabei ist nicht jede Entscheidung eindeutig. Führung heißt auch, Spannungsverhältnisse auszuhalten: Entscheidungen nicht zu vertagen, sondern zu treffen – und sie gemeinsam zu tragen.

Befähigung statt Kontrolle – Vertrauen in Kompetenz

Wenn Kosten nur als Kontrollgröße verstanden werden, erzeugen sie Widerstand. Dann wird gerechnet, nicht gestaltet. Dann entstehen Kennzahlen, aber keine Lösungen. Der bessere Weg: Verantwortung dorthin geben, wo sie wirkt – in die Teams. Und diese befähigen, wirtschaftlich zu denken und zu entscheiden.

Das bedeutet: Methodenkompetenz aufbauen, Daten zugänglich machen, Wirkungsbewusstsein fördern. Es heißt auch: Teams so aufzustellen, dass sie wirtschaftliche, technische und funktionale Perspektiven vereinen können – ohne auf Genehmigung oder Vorgabe warten zu müssen.

Führung unterstützt diesen Prozess nicht durch Anweisung, sondern durch Fragen: Was brauchen Teams, um wirtschaftlich entscheiden zu können? Welche Informationen fehlen? Wo blockieren Prozesse, statt zu befähigen?

Wirtschaftliche Kompetenz entsteht nicht durch Richtlinien, sondern durch Verständnis. Und dieses Verständnis zu fördern, ist Führungsarbeit.

Begrenzen heißt gestalten – nicht einschränken

Gute Führung begrenzt nicht aus Misstrauen – sondern aus Klarheit. Sie formuliert bewusst: Wo ist der Rahmen? Wo liegen die wirtschaftlichen Leitplanken? Was ist das Ziel – und worauf soll verzichtet werden?

Diese Form der Begrenzung ist keine Schwäche, sondern eine Stärke. Sie schützt vor Over-Engineering, vor Wunschlisten, vor Komplexität, die sich verselbstständigt. Und sie schützt vor Entscheidungen, die technisch beeindruckend, aber marktseitig irrelevant sind.

Führung, die begrenzt, gibt Orientierung. Sie gibt nicht vor, wie etwas zu lösen ist – sondern wofür, mit welchem Ziel, in welchem Rahmen. Diese Orientierung ist der Unterschied zwischen Freiheit und Beliebigkeit.

Führung als Kulturstifter – Wirtschaftlichkeit als Selbstverständnis

Eine Organisation, in der wirtschaftliche Gestaltung gelingt, erkennt man nicht an Checklisten oder Tools. Sondern an der Art, wie über Produkte gesprochen wird. An der Klarheit der Ziele. An der Art, wie Entscheidungen vorbereitet und getragen werden. Erkennt man daran, wie selbstverständlich über Kosten, Nutzen und Wirkung diskutiert wird.

Diese Kultur entsteht nicht automatisch. Sie entsteht, wenn Führung sie vorlebt – mit Klarheit, Konsequenz und Vertrauen. Sie entsteht, wenn wirtschaftliche Verantwortung nicht delegiert, sondern geteilt wird. Wenn es nicht um Schuld geht, sondern um Entwicklung.

Führung bedeutet, wirtschaftliche Wirkung zur gemeinsamen Aufgabe zu machen. Den Mut zu haben, Komplexität zu reduzieren. Den Willen, Entscheidungen zu treffen. Und das Vertrauen, dass Teams in der Lage sind, innerhalb klarer Grenzen große Lösungen zu gestalten.

Gute Führung schafft den Rahmen, in dem Teams Wirkung gestalten können – durch klare Leitplanken, geteilte Verantwortung und die Bereitschaft, Wirtschaftlichkeit als aktiven Teil von Innovation zu verstehen.

Wertanalyse weiterdenken – für Zukunft und Komplexität

Wertanalyse ist eine der wirksamsten Methoden, wenn es darum geht, wirtschaftlich sinnvolle, kundenrelevante Lösungen zu entwickeln. Seit Jahrzehnten liefert sie den Beweis: Wer systematisch in Funktionen denkt, wer Wirkung und Aufwand abgleicht, wer Nutzen bewertet und Komplexität reduziert, erzielt bessere Ergebnisse – technisch, wirtschaftlich und marktorientiert. Doch gerade, weil die Methode so bewährt ist, droht sie zu erstarren. Der Fortschritt der Märkte, Technologien und Geschäftsmodelle erfordern ein aktives Weiterdenken – nicht der Methode selbst, sondern ihrer Anwendung, Haltung und Perspektive.

Wertanalyse wirkt dort, wo sie konsequent anwendungsneutral bleibt – und flexibel genug, um auch neue Kontexte, digitale Geschäftsmodelle, intelligente Dienstleistungen oder vernetzte Systeme zu gestalten.

Funktional denken – auch bei immateriellen Leistungen

Die klassische Wertanalyse war stark geprägt vom physischen Produkt. Funktionen ließen sich beobachten, zerlegen, messen – als Bewegungen, Verbindungen, Energien. Heute sind viele dieser Funktionen digital, softwarebasiert, datengetrieben. Es geht nicht mehr nur um Schrauben, Scharniere oder Sensoren, sondern um Algorithmen, Schnittstellen, Services und intelligente Assistenz.

Gerade in diesen immateriellen Bereichen ist funktionales Denken besonders wertvoll. Denn dort, wo technische Komplexität schnell steigt, wo Abhängigkeiten zunehmen, wo sich Wirkungen schwerer fassen lassen, braucht es ein gemeinsames, strukturiertes Verständnis der Ziele und Wirkungen.

Wertanalyse liefert dafür die Sprache: Funktionen werden lösungsneutral beschrieben, strukturiert, gewichtet, zugeordnet. Ob Prozess oder Produkt, Software oder Dienstleistung – die zentrale Frage bleibt dieselbe: *Welche Wirkung soll erzielt werden – und was ist sie wert?*

Kundennutzen übersetzen – vom Wunsch zur Wirkung

In dynamischen Märkten genügt es nicht mehr, Anforderungen zu dokumentieren. Kundenbedürfnisse ändern sich, neue Technologien erzeugen neue Erwartungen, und smarte Systeme bringen neue Interaktionen hervor. Wertanalyse hilft dabei, diese Bedürfnisse zu durchdringen – nicht auf der Oberfläche, sondern in ihrer funktionalen Struktur.

Durch die Kombination mit Methoden wie der Value Proposition Canvas oder Customer Journey Mapping lassen sich explizite und implizite Erwartungen in konkrete Wirkungen übersetzen: Was will der Kunde erreichen? Was will er vermeiden? Was löst Vertrauen aus – was Frust?

Dieses Denken in Kundenzielen und -wirkungen macht aus Anforderungen greifbare Funktionen. Und aus Funktionen wiederum lässt sich ableiten, welchen Aufwand ihre Realisierung rechtfertigt. So bleibt der Kundennutzen nicht abstrakt, sondern wird zur Grundlage wirtschaftlicher Entscheidungen.

Wertanalyse als Plattform für Teamintelligenz

In komplexen Projekten ist selten ein einzelner Blickwinkel ausreichend. Die besten Lösungen entstehen, wenn Perspektiven kombiniert werden – aus Technik, Markt, Anwendung, Logistik, Nachhaltigkeit oder Service. Wertanalyse schafft dafür den Rahmen. Sie bietet ein strukturiertes Vorgehen, in dem verschiedene Fachdisziplinen gemeinsam über Nutzen, Wirkung und Aufwand diskutieren – auf der Basis einer gemeinsamen Sprache.

Diese Plattformfunktion ist heute wichtiger denn je. Denn interdisziplinäre Zusammenarbeit ist kein Zusatznutzen mehr – sie ist Voraussetzung für tragfähige Lösungen. Die Wertanalyse wird damit zur Moderationsmethode: Sie strukturiert Denken, regt Reflexion an, sorgt für Transparenz – und hilft, gemeinsame Entscheidungen zu treffen.

Gerade bei hochvernetzten Produkten oder Systemen – etwa in der Medizintechnik, Mobilität oder im Maschinenbau – ist diese Fähigkeit zentral. Nur wer die Zusammenhänge versteht, kann Auswirkungen abschätzen und gezielt gestalten.

Dynamik zulassen – agil statt linear

Die klassische Wertanalyse war oft linear angelegt: Ziel definieren, Ist-Zustand analysieren, Lösungen entwickeln, bewerten, umsetzen. Dieses Vorgehen funktioniert dort, wo Aufgaben stabil sind. Doch in dynamischen Umfeldern braucht es andere Prinzipien: iteratives Vorgehen, schnelles Lernen, kontinuierliche Verbesserung. Die Integration von agilen Denk- und Arbeitsweisen in die Wertanalyse ist deshalb kein Stilbruch, sondern ein Fortschritt. Wertgestaltung so wird zu *Wertentwicklung*.

Funktionales Denken lässt sich hervorragend in Zyklen organisieren: Verstehen – Strukturieren – Messen – Gestalten. So wird aus einem einmaligen Optimierungsprojekt ein lernender Entwicklungsprozess. Statt linearer Planung entsteht ein Rahmen für kontinuierliche Wirkung – auch bei sich verändernden Anforderungen.

Die Verbindung aus agiler Denkweise und funktionaler Klarheit macht Wertgestaltung zukunftsfähig, entsteht die Vorgehensweise Wertentwicklung – strukturiert, flexibler, iterativer, anpassungsfähiger.

Daten, Systeme, KI – Wertanalyse digitalisieren

In digitalen Produkten und Prozessen entstehen enorme Mengen an Daten. Diese Daten können helfen, Funktionen besser zu verstehen, Nutzung zu analysieren, Potenziale zu erkennen. Wertanalyse kann davon profitieren – wenn sie sich öffnet.

Der Einsatz von Datenanalytik, Simulation und sogar Künstlicher Intelligenz erlaubt neue Wege: Werttreiber werden früh identifiziert, Varianten schneller verglichen, Wirkungen präziser prognostiziert. Gleichzeitig werden Entscheidungen nachvollziehbarer – weil sie nicht nur auf Annahmen, sondern auf belastbaren Informationen beruhen.

Digitalisierung ist kein Ersatz für Denken – aber ein Verstärker. Wenn Wertanalyse datenbasiert ergänzt wird, entsteht eine neue Qualität: schneller, fundierter, nachvollziehbarer.

Wertanalyse bleibt relevant, wenn sie sich mit agilen Prinzipien, digitalen Werkzeugen und funktionalem Denken zur Wertentwicklung weiterentwickelt – als methodisches Rückgrat in einer komplexen, vernetzten Welt.

Wirtschaftlichkeit gestalten – nicht reparieren

In vielen Unternehmen beginnt die Auseinandersetzung mit Kosten erst, wenn das Produkt nahezu fertig entwickelt ist. Die Funktionen sind definiert, das Design steht, Lieferanten sind ausgewählt – und plötzlich passt das Kosten-Nutzen-Verhältnis nicht mehr zur Zielmarge. Dann beginnt ein aufwändiger Korrekturprozess: streichen, verschlanken, verhandeln. Was übrig bleibt, ist oft ein Kompromiss aus technischer Idee und wirtschaftlichem Druck.

Doch dieses Vorgehen ist teuer – nicht nur in Euro, sondern in vertaner Wirkung, verlorener Zeit und beschädigter Team-dynamik. Wirtschaftlichkeit darf nicht die Reparatur eines Problems sein. Sie muss von Anfang an mitgedacht, gestaltet und geführt werden. Nicht als Kontrolle, sondern als kreative Begrenzung.

Spätes Sparen kostet doppelt

Kostensenkung in späten Projektphasen ist selten effizient. Viele Gestaltungsspielräume sind dann bereits verbaut. Funktionen sind festgelegt, Architekturentscheidungen getroffen, Tools ausgewählt. Änderungen in dieser Phase sind technisch aufwändig, organisatorisch riskant und wirtschaftlich teuer. Unternehmen geben Geld aus – für aufwändige Entwicklung einer Lösung, die später wieder korrigiert werden muss.

Hinzu kommt ein psychologischer Effekt: Wer spät kürzt, schränkt oft ungewollt die Identifikation mit dem Produkt ein. Teams erleben, wie Ideen beschnitten werden, wie Aufwand vergeblich war. Wirtschaftlichkeit wird dann als Bremse erlebt – statt als Voraussetzung für Markterfolg.

Der klügere Weg ist nicht, nachträglich zu sparen. Der klügere Weg ist, früh gezielt zu investieren – dort, wo der Kundennutzen entsteht, wo Funktionen wertvoll sind und wo Wirtschaftlichkeit Teil der Entscheidung ist.

Große Hebel statt kleiner Korrekturen

Der größte Hebel zur Beeinflussung der Produktkosten liegt nicht in der Feinabstimmung am Ende, sondern in der Konzeption am Anfang. Entscheidungen über Produktarchitektur, Technologien, Materialien, Herstellverfahren und Prozesse haben einen weit größeren Einfluss auf die späteren Kosten als jede nachträgliche Optimierung.

Gerade in frühen Phasen entstehen die strukturellen Kosten eines Produkts. Wer dort mitdenkt, mitgestaltet und die wirtschaftliche Wirkung reflektiert, nutzt die Chance, Kosten gar nicht erst entstehen zu lassen. Das bedeutet nicht Verzicht, sondern Weitsicht. Es geht nicht darum, die beste Lösung zu streichen – sondern die richtige Lösung zu finden: einfach, klar, wirksam.

Target Costing, Design to Cost und Wertanalyse helfen, diese frühen Entscheidungen bewusst zu treffen. Sie fördern ein Denken in Zusammenhängen – und verhindern, dass man sich später in Details verliert, nur um Kosten zu retten.

Wirtschaftlichkeit ist Strategie – keine Reaktion

Viele Unternehmen erleben wirtschaftliche Zielvorgaben als Reaktion auf äußeren Druck: sinkende Margen, Preiskampf, Investorenanforderungen. Dann wird Effizienz zur Notwendigkeit – aber oft auch zum Symbol für Einschränkung. Doch wirtschaftliches Gestalten ist kein reaktiver Reflex. Es ist ein strategischer Akt.

Wirtschaftlichkeit bedeutet, Ressourcen klug einzusetzen – dort, wo sie Wirkung erzeugen. Es heißt, Produkte zu entwickeln, die ihre Ziele erreichen – technisch, wirtschaftlich, emotional. Und es heißt, Verantwortung zu übernehmen: für Entscheidungen, für Aufwand, für Wirkung.

Ein wirtschaftlich gestaltetes Produkt ist nicht das Ergebnis von Sparrunden. Es ist das Resultat einer bewussten Auseinandersetzung mit Nutzen, Funktion, Kosten – und dem Mut, Prioritäten zu setzen.

Diese Haltung ist ein Wettbewerbsvorteil: nicht kurzfristig, sondern dauerhaft. Unternehmen, die Wirtschaftlichkeit nicht als Einschränkung, sondern als Gestaltungskraft begreifen, arbeiten schneller, zielgerichteter und mit höherer Markttreue.

Wirtschaftlichkeit ist eine Kulturfrage

Gestaltete Wirtschaftlichkeit braucht mehr als Methoden. Sie braucht eine Kultur, in der Kosten nicht als unangenehmes Thema gelten, sondern als legitimer und notwendiger Teil des Produktdenkens. Eine Kultur, in der Fragen erlaubt sind: Was leistet diese Funktion wirklich? Wie viel Wirkung erzeugt sie beim Kunden? Ist der Aufwand dafür gerechtfertigt?

Wenn solche Fragen früh, offen und ohne Rechtfertigungsdruck gestellt werden, entsteht eine andere Dynamik. Wirtschaftlichkeit wird dann nicht zum Problem am Ende, sondern zum Maßstab am Anfang. Sie wird Teil des Dialogs – zwischen Entwicklung, Einkauf, Controlling, Vertrieb und Management.

Diese Kultur entsteht durch Vorbilder, durch Struktur, durch Übung. Sie beginnt mit der Überzeugung, dass gute Produkte keine unbegrenzten Mittel brauchen. Sondern einen klaren Fokus, einen definierten Rahmen – und die Fähigkeit, innerhalb dieser Grenzen exzellente Lösungen zu gestalten.

Wirtschaftlichkeit ist kein nachträglicher Korrekturmodus, sondern ein strategisches Prinzip – wer früh gestaltet, spart nicht später, sondern entscheidet besser.

Kostenfalle Altprodukte - Der Preis gelebter Tradition

Produkte, die sich über Jahre bewährt haben, sind oft tief im Unternehmen verankert. Doch genau diese Bindung wird teuer, wenn man versucht, sie immer weiter zu optimieren, statt sie grundsätzlich zu hinterfragen. Was aus Sicht der Bestandssicherung vernünftig erscheint, entpuppt sich langfristig als wirtschaftliche Belastung. Dieses Kapitel zeigt, warum das Festhalten an Altprodukten zum Risiko wird – und wie der Mut zur Erneuerung neue wirtschaftliche Spielräume öffnet.

Wer halbtote Pferde reitet, denkt zu spät

Wer versucht, ein halbtotes Pferd zu reiten, hat kein Fortbewegungsproblem – sondern ein Denkproblem. In vielen Unternehmen gelten langjährige Produkte als gesetzt. Sie haben sich bewährt, sind eingeführt, vertraut und in internen Prozessen fest verankert. Ihre Pflege wirkt wie eine Pflicht gegenüber der eigenen Vergangenheit – eine Art technisches Erbe. Doch genau dieses Erbe ist oft mit wachsendem Aufwand verbunden: alternde Plattformen, diffuses Wissen, ineffiziente Strukturen. All das bleibt erhalten – nicht aus Notwendigkeit, sondern aus Trägheit.

Die Kostenfalle: viel Aufwand, wenig Wirkung

Oberflächlich betrachtet scheint es klug, bestehende Produkte weiter zu verbessern. Doch je näher man sich dem technisch oder wirtschaftlich erreichbaren Minimum nähert, desto aufwendiger und teurer werden weitere Optimierungen. Jedes eingesparte Prozent wird mit überproportionalem Einsatz erkauft. Zudem zeigen Altprodukte oft eine Geschichte von Entscheidungen und Kompromissen – eine Art "Optimierungs-Jahresringe". Was einst sinnvoll war, wird selten entfernt. Sonderfunktionen, Bauteile, Prozesse: Sie laufen weiter mit, erzeugen Aufwand, aber kaum noch Wirkung. Statt gezielter Verbesserung betreibt man Reparatur an der falschen Baustelle.

Verpasste Chancen: Alt blockiert Neu

Während Ressourcen in das Pflegen und Optimieren alter Lösungen fließen, bleibt kaum Raum für echte Neuerungen. Neue Technologien, Marktanforderungen oder Vereinfachungspotenziale werden durch bestehende Strukturen blockiert. Der Kundennutzen leidet, der Wartungsaufwand steigt, der Wettbewerb zieht vorbei. Das Tragischste daran: Es passiert leise, schleichend, unbemerkt – bis der Markt den Druck erhöht.

Technologielimits: Wenn Optimieren teuer wird

Jede eingesetzte Technologie – ob im Produkt selbst oder in dessen Fertigung – hat ein erreichbares Mindestkostenniveau. Je weiter man sich diesem annähert, desto mehr Aufwand ist nötig, um kleine Fortschritte zu erzielen. Gleichzeitig steigen mit dem Alter des Produkts die indirekten Kosten: Anpassungen in IT, Support, Lieferkette. Wer meint, durch Detailoptimierungen zu sparen, rechnet sich schnell in die Irre.

Vom Reparieren zum Neudenken

Wirtschaftlichkeit entsteht nicht durch Flickwerk, sondern durch Neudenken. Wer mit einem funktionalen Blick beginnt, fragt: Welche Wirkung braucht der Kunde wirklich? Welche Funktion ist relevant? Und wie lässt sich das wirtschaftlich darstellen? Methoden wie Target Costing, Design to Cost und Wertanalyse, helfen, Produkte von Grund auf neu und sinnvoll zu strukturieren. Nicht die Vergangenheit wird verwaltet – sondern die Zukunft gestaltet.

Rentable Vielfalt statt strukturierter Beliebigkeit

Altprodukte zu pflegen ist menschlich, aber selten wirtschaftlich. Wer in der Produktentwicklung zukunftsfähig arbeiten will, muss den Mut haben, alte Zöpfe abzuschneiden. Es braucht Klarheit darüber, was das Produkt wirklich leisten soll – und die Bereitschaft, alles andere wegzulassen. Wer den Kunden fragt, was er wirklich braucht, stellt schnell fest: Es geht nicht um maximale Genauigkeit, sondern um maximale Passung. Fixierungen auf Toleranzen und Detailfragen verdrängen den Blick aufs Wesentliche.

Gestaltung beginnt mit Klarheit, nicht mit Nostalgie. Wer früh die richtigen Fragen stellt, spart nicht nur – er gewinnt: an Einfachheit, an Marktnähe, an Zukunft.

Smarte Systeme wirtschaftlich denken – von der Lösung zum Systemwert

Der Wandel vom Produkt zum System, von der Komponente zur Lösung, verändert die Spielregeln wirtschaftlicher Gestaltung grundlegend. Kunden kaufen heute nicht mehr nur das physische Produkt – sie kaufen ein Erlebnis, ein Ergebnis, eine Wirkung. Smarte Systeme liefern genau das: Sie verbinden Hardware, Software, digitale Services und Daten zu einem Gesamtpaket. Und sie versprechen, Probleme zu lösen, statt nur Mittel bereitzustellen.

Doch mit dieser Erweiterung des Anspruchs wächst auch die Komplexität: in Entwicklung, in Integration, in Wertschöpfung und in der Kostenstruktur. Wer diese Systeme wirtschaftlich denken will, muss neu bewerten, neu verknüpfen – und neu priorisieren. Denn das Wertversprechen eines smarten Systems liegt nicht in seinen Einzelteilen, sondern in seinem Gesamtwirkungsgrad.

Vom Produkt zum Wertsystem – neue Perspektiven, Fragen

Smarte Systeme bringen einen Paradigmenwechsel mit sich: Der Fokus verlagert sich vom Stückpreis zur Leistungsfähigkeit des Gesamtsystems. Entscheidend ist nicht, was ein Modul kostet, sondern welchen Beitrag es zum versprochenen Nutzen liefert – für den Anwender, für den Betreiber, für das Geschäftsmodell.

Die zentrale Frage lautet also nicht mehr: „Was kostet das Produkt?", sondern: „Was ist der Wert der Lösung – und wie ver-teilen sich Aufwand, Verantwortung und Erlöse über das System hinweg?"

Das erfordert eine ganzheitliche Sicht: Hardware muss ebenso berücksichtigt werden wie Algorithmen, Plattformen, Prozesse, Services und Nutzungsdaten. Jeder Bestandteil trägt zum Gesamtnutzen bei – oder zum Risiko, ihn nicht zu erfüllen.

Diese neue Perspektive verändert auch das wirtschaftliche Denken. Zielkosten müssen nicht mehr nur für Bauteile, sondern auch für digitale Funktionen, Serviceangebote, Softwaremodule oder Cloud-Anbindungen definiert werden. Wert entsteht nicht länger in einem Teil – sondern im Zusammenspiel.

Funktional beschreiben – modular bewerten

Gerade weil smarte Systeme so vielschichtig sind, braucht es eine gemeinsame Sprache für ihre wirtschaftliche Gestaltung. Die Wertanalyse liefert diesen Ansatz: über lösungsneutrale Funktionen. Sie erlaubt, auch komplexe Systeme in Wirkungen zu zerlegen – unabhängig davon, wie sie später technisch umgesetzt werden.

Das bedeutet: Ein digitales Dashboard, eine KI-gestützte Analysefunktion oder ein automatisierter Wartungsprozess lassen sich genauso funktional beschreiben wie ein Sensor oder ein Gehäuse. Die Frage bleibt immer dieselbe: Welche Wirkung soll erzielt werden – für wen – und mit welchem Aufwand?

Über diese Beschreibung entsteht Transparenz. Welche Funktionen sind zentral? Welche optional? Wo entstehen Dopplungen? Welche Wirkung kann technisch und wirtschaftlich besonders effizient erzeugt werden?

So lassen sich Zielkosten modular zuordnen – nach Wertbeitrag, nach Relevanz, nach funktionaler Priorität. Nicht alle Teile eines smarten Systems müssen kostengünstig sein – aber jeder Teil muss seinen Beitrag zur Systemwirkung rechtfertigen.

Geschäftsmodelle mitdenken – und wirtschaftlich rückkoppeln

Smarte Systeme funktionieren oft in neuen Geschäftsmodellen: Abonnement statt Kauf, Pay-per-Use statt Investition, Plattformökonomie statt Einzelprodukt. Diese Modelle beeinflussen nicht nur die Kundenerwartung, sondern auch die

Kostenstruktur, den Ressourcenverbrauch und die Verantwortlichkeiten im Unternehmen.

Deshalb reicht es nicht, nur Produktkosten zu betrachten. Wirtschaftliches Denken muss auch Erlösmodelle, Services, Wartung, Weiterentwicklung und Datenverwertung einbeziehen. Erst die Kombination dieser Faktoren ergibt ein realistisches Bild vom Systemwert – und vom notwendigen Aufwand.

Zielkosten müssen also nicht nur für Hardwarekomponenten definiert werden, sondern auch für immaterielle Leistungen: für Softwareentwicklung, für algorithmische Logik, für Supportprozesse. Diese sind nicht weniger entscheidend – aber oft schwieriger zu quantifizieren. Hier hilft eine funktionale Strukturierung, ergänzt durch Erfahrungswerte, Nutzungsdaten und Business-Simulationen.

Die Kunst liegt darin, den Kundennutzen zu monetarisieren – nicht aus der Retrospektive, sondern vorausschauend. Nur so lassen sich Investitionen, Partnerschaften und Aufwand an realistische Systemziele koppeln.

Wertentwicklung als Rahmen – Komplexität handhabbar machen

Mit dem Anstieg an Vernetzung, Varianten und Anforderungen wächst auch die Gefahr, sich im Detail zu verlieren. Die Methode der Wertentwicklung – als Weiterentwicklung der klassischen Wertanalyse – bietet hier eine wirksame Orientierung.

Sie verbindet funktionales Denken mit iterativer Entwicklung, Nutzerzentrierung mit Systemstrukturierung, Komplexitätsmanagement mit wirtschaftlicher Bewertung. Wertentwicklung nutzt Methoden wie Funktionenbäume, Target Costing, Value Proposition Canvas, agile Schleifen und Stakeholder-Mapping – aber nicht additiv, sondern systematisch verzahnt.

So entsteht ein Prozess, der nicht nur Funktionen analysiert, sondern Systeme strukturiert. Der nicht nur Kosten verteilt, sondern Wirkung bewertet. Und der nicht nur Daten nutzt, sondern Erkenntnisse generiert.

Dieser Prozess schafft die Voraussetzung, dass auch in komplexen, digitalen, hybriden Produkten ein klarer Blick auf Nutzen, Aufwand und Systemwert möglich wird – und wirtschaftlich tragfähige Entscheidungen getroffen werden können.

Smarte Systeme wirtschaftlich zu gestalten heißt, Nutzen, Wirkung und Aufwand über Disziplinen, Medien und Geschäftsmodelle hinweg zu strukturieren – und systematisch zu bewerten.

Variante ? Klar - aber bitte mit System

Variantenvielfalt klingt nach Kundennähe und Marktflexibilität. Doch allzu oft ersetzt sie eine intensive Auseinandersetzung mit Anforderungen durch eine schnelle Zusatzoption. Wer dabei übersieht, welche direkten und indirekten Kosten mit jeder Variante entstehen, und wie früh sie sich in der Wertschöpfung festsetzt, schafft keine Vielfalt, sondern Komplexität. Daher müssen Varianten wirtschaftlich vorgedacht und systematisch vorbereitet werden.

Variante aus Verlegenheit – oder echter Marktwunsch?

Nicht jede Variante ist ein Fortschritt. Oft entsteht sie, weil der Mut fehlt, bestehende Lösungen zu schaffen. "Dann machen wir einfach eine zweite Ausführung" klingt pragmatisch, ist aber oft Ausdruck von Verlegenheit. Wirklich sinnvoll ist Varianz nur, wenn sie vom Markt gefordert ist: durch neue Segmente, regionale Anforderungen oder differenzierte Nutzerbedürfnisse. Alles andere ist beliebig – und teuer.

Vom Variantenbaum zum Variantenbusch

Varianz ist nur dann wirtschaftlich, wenn sie spät im Wertschöpfungsprozess auftritt. Dazu muss das Produkt vorbereitet sein. Fehlt diese Modularität, entstehen Variantenstrukturen, die früh auseinanderlaufen: im Einkauf, in der Fertigung, in der Datenstruktur. Statt eines klaren Variantenbaums entsteht ein Variantenbusch, der sich schlecht pflegen, nur teuer warten und kaum beherrschen lässt.

Kostenexplosion mit Ansage

Jede Variante kostet – nicht nur in der Entwicklung. Sie zieht Änderungen in Stücklisten, Prüfprozessen, Werkzeugen, Dokumentation, ERP-Systemen und Serviceunterlagen nach sich. Was oberflächlich wie eine "kleine Ergänzung" wirkt, kann sich als strukturverändernde Entscheidung mit hoher Tragweite entpuppen. Die Überlegung, ab welcher Stückzahl sich eine Variante rechnet, ist daher keine Rechenaufgabe allein – sie ist eine strategische Entscheidung über Aufwand und Wirkung.

Wirtschaftliche Angebote statt unnötiger Vielfalt

Der Weg zu wirtschaftlicher Varianz führt über Baukasten-prinzipien, funktionale Modularisierung und das Denken in Kern- und Differenzierungsfunktionen. Produkte müssen vorbereitet sein, um spät differenzierbar zu sein. Nur so lassen sich Unterschiede erzeugen, ohne den Aufwand zu multiplizieren. Das reduziert Kosten, verbessert Lieferfähigkeit und hält Komplexität steuerbar.

Rentable Vielfalt statt strukturierter Beliebigkeit

Vielfalt ist kein Selbstzweck. Wer Varianten als bequeme Antwort auf interne Unsicherheiten versteht, zahlt mit wach-sender Komplexität und schwindender Übersicht. Wer hingegen gezielt differenziert, technisch vorbereitet und wirtschaftlich kalkuliert, schafft rentable Vielfalt.

Varianz braucht eine Architektur. Und eine Haltung: Nicht jede Idee verdient eine Ausführung. Doch jede Ausführung braucht eine Idee, wie sie sich rechnet.

Wert entwickeln – Zukunft gestalten

In Zeiten rasanten Wandels, wachsender Komplexität und steigender Erwartungen wird eines immer klarer: Zukunft lässt sich nicht kontrollieren – aber gestalten. Und diese Gestaltung braucht mehr als kurzfristige Effizienz, isolierte Innovationen oder reaktives Sparen. Sie braucht ein Denken in Wert: im Sinne von Wirkung für den Kunden, Relevanz für den Markt und Sinnhaftigkeit für die Organisation. Wirtschaftlicher Erfolg entsteht dann, wenn Unternehmen Wert gezielt entwickeln – nicht als Zufallsprodukt, sondern als bewusst gestalteten Prozess.

Von der Kostenreduktion zur Wertschöpfung

Noch immer ist der Reflex weit verbreitet: Wenn der Druck steigt, wird gespart. Wenn die Marge sinkt, wird reduziert. Wenn Ziele nicht erreicht werden, wird der Rotstift gezückt. Doch diese Haltung greift zu kurz – und sie kostet langfristig mehr als sie bringt. Denn wer nur kürzt, ohne Wert zu bewerten, gefährdet nicht nur Funktionen, sondern auch den Kundennutzen und die Differenzierung im Wettbewerb.

Wert entwickeln bedeutet, Kosten nicht einfach zu senken, sondern dort zu investieren, wo sie Wirkung entfalten. Es bedeutet, sich von Funktionen zu trennen, die keinen Beitrag leisten – und gleichzeitig mutig in jene zu investieren, die echten Nutzen stiften. Es heißt: gestalten statt korrigieren, priorisieren statt nivellieren.

Diese Haltung verändert nicht nur Produkte, sondern Denkweisen. Wert wird zum Kriterium für Entscheidungen – und nicht bloß zum Ergebnis der Abrechnung.

Zukunft braucht Wirkung – und Wirkung braucht Struktur

Innovationen entstehen selten zufällig. Sie entstehen, wenn Raum für neue Ideen mit Klarheit über Ziele verbunden wird. Die

Methode der Wertentwicklung liefert genau diesen Rahmen: Sie verbindet ein strukturiertes Vorgehen mit einem offenen Denkraum. Sie integriert Kundenbedürfnisse, Systemdenken, Zielkosten und agile Lernzyklen in einem übergeordneten Prinzip: dem des Wertorientierten Gestaltens.

Dieses Prinzip durchzieht die gesamte Entwicklung – vom ersten Verständnis der Herausforderung über die Strukturierung in Wirkungen bis zur Auswahl wirtschaftlich tragfähiger Lösungen. Es schließt Produkte, Prozesse, Dienstleistungen und Geschäftsmodelle ein – und schafft Transparenz, wo sonst Komplexität herrscht.

Wertentwicklung stellt dabei drei Fragen immer wieder neu: Was ist der beabsichtigte Nutzen? Welche Wirkung wird dafür benötigt? Wie kann diese Wirkung effizient, flexibel und nachhaltig erzeugt werden?

Diese Fragen sind einfach – und zugleich radikal. Sie führen dazu, bestehende Lösungen zu hinterfragen, Alternativen zuzulassen, Annahmen zu prüfen. Und sie helfen, echte Entscheidungen zu treffen – jenseits von Bauchgefühl oder Tradition.

Lernen, messen, entscheiden – systematisch und agil

Zukunft lässt sich nicht vollständig planen. Aber sie lässt sich vorbereiten – durch einen Prozess, der Lernbereitschaft mit Entscheidungsklarheit verbindet. Der Wertentwicklungsansatz beruht auf diesem Prinzip: *Lernen – Messen – Entscheiden*.

In iterativen Schleifen werden Anforderungen erhoben, Wirkungen definiert, Lösungen getestet, Bewertungen durchgeführt – und die Ergebnisse genutzt, um fundierte nächste Schritte zu gehen. Diese Denkweise verbindet agile Methoden mit wertanalytischer Strenge: Sie erlaubt Flexibilität ohne Beliebigkeit. Und sie stärkt die Fähigkeit, in dynamischen Umfeldern handlungsfähig zu bleiben.

Je unsicherer das Umfeld, desto wichtiger wird diese Fähigkeit: nicht nur das Richtige zu tun, sondern zu erkennen, was richtig ist – für den Kunden, für das System, für das Unternehmen.

Wert als Führungsprinzip – unternehmerisch denken

Wenn „Wert" das zentrale Gestaltungsprinzip wird, verändert sich auch die Rolle von Führung. Sie ist nicht mehr nur für Zahlen, Prozesse und Ressourcen verantwortlich – sondern für Orientierung, Haltung und Entscheidungsfähigkeit. Führung fragt: Was ist der Beitrag dieser Lösung zum Kunden-nutzen? Was ist der Aufwand? Wie passt das in unser strategisches Zielbild?

Diese Fragen sind unbequem – aber unverzichtbar. Denn sie führen zu Klarheit. Sie machen Wirtschaftlichkeit zur Führungs-aufgabe – nicht im Sinne von Kontrolle, sondern im Sinne von Verantwortung. Die Fragen schaffen eine Kultur, in der Teams Wirkung gestalten dürfen, ohne sich zwischen Technik und Budget zu zerreiben.

Unternehmen, die so denken, entwickeln mehr als Produkte. Sie entwickeln Lösungen, Beziehungen, Vertrauen. Sie schaffen etwas, das keine Effizienzmaßnahme leisten kann: *belastbare Zukunftsfähigkeit*.

Wer Wert entwickeln will, braucht Klarheit über Wirkung, Mut zur Entscheidung und die Bereitschaft, Wirtschaftlichkeit als zentrale Gestaltungskraft der Zukunft zu begreifen.

Zukunft beginnt jetzt - Nachhaltigkeit einpreisen

Nachhaltigkeit ist längst kein moralisches Bonusprogramm mehr. Sie ist betriebswirtschaftliche Realität – mit spürbaren Auswirkungen auf Kosten, Erlöse, Investitionsentscheidungen und Marktzugänge. Wer heute Produkte, Prozesse oder Geschäftsmodelle entwickelt, kommt um die Frage nicht herum: Welche ökologischen und sozialen Anforderungen sind relevant – und was bedeuten sie für unsere Wirtschaftlichkeit?

Die gute Nachricht: Diese Fragen lassen sich beantworten. Noch mehr – sie lassen sich systematisch gestalten. Nicht als Zusatzlast, sondern im selben Denkmodell, in dem wir auch über Wert, Funktion und Aufwand sprechen. Denn Nachhaltigkeit beginnt, wie Wirtschaftlichkeit, mit einem Gedanken: Was ist für unsere Kunden, unsere Märkte und unsere Zukunft wirklich relevant?

ESG ist wirtschaftlich – wenn man es rechtzeitig mitdenkt

Was früher oft als kostspieliger Mehraufwand galt, ist heute Wettbewerbsfaktor. Nachhaltige Materialien, reparaturfreundliche Konstruktionen, geringere Emissionen oder soziale Standards in der Lieferkette sind längst zu Anforderungen geworden – regulatorisch, gesellschaftlich, kommerziell.

Das Problem entsteht nicht durch die Anforderungen selbst, sondern durch ihren späten Umgang: Wenn Nachhaltigkeit erst nachgelagert auf das Produkt „aufgesetzt" wird, entstehen Zielkonflikte, technische Hürden und hohe Zusatzkosten. Genau wie bei reaktivem Kostenmanagement.

Auch hier gilt: Nicht später korrigieren – sondern früher gestalten.

Nachhaltigkeit in Wert und Wirkung übersetzen

Was nachhaltige Produktentwicklung braucht, ist Klarheit über Wirkung und Beitrag. Es geht um die Frage, welche Anforderungen extern gesetzt sind – durch Gesetzgebung, Marktanforderungen oder Kundenerwartungen – und welche davon wir bewusst intern aufnehmen, etwa aus strategischen Gründen, Differenzierungsabsicht oder unternehmerischer Verantwortung.

Diese Anforderungen lassen sich, wie jede andere Anforderung auch, in Funktionen und Wirkungen übersetzen. Auf dieser Grundlage können sie bewertet, priorisiert und gezielt gestaltet werden. Wird beispielsweise ein recycelbarer Werkstoff eingesetzt, dann nicht aus Prinzip, sondern weil er zur Erfüllung von Rücknahmeverpflichtungen beiträgt, die CO_2-Bilanz verbessert oder in einem bestimmten Marktsegment zu positiver Markenwahrnehmung führt. Nachhaltigkeit bekommt ökonomische Relevanz, wenn sie in den Produktwert integriert wird – nicht danebensteht.

Methoden erweitern, nicht ersetzen

Für diese Integration müssen keine neuen Werkzeuge erfunden werden – es genügt, bekannte Methoden konsequent weiterzudenken. Die Wertanalyse kann um ökologische und soziale Wirkungen erweitert werden. Target Costing lässt sich nutzen, um nicht nur Herstellkosten, sondern auch Lebenszyklus- und Rücknahmeaufwände zu berücksichtigen. Design to Cost kann seine Stärke entfalten, wenn es funktional-sachlich auf Nachhaltigkeitsfunktionen angewendet wird – etwa im Hinblick auf Energieeffizienz, Materialeinsparung oder Langlebigkeit.

Der entscheidende Punkt ist: Nachhaltigkeitsanforderungen dürfen nicht als „weiche Faktoren" behandelt werden, sondern müssen als echte Designparameter im Zielsystem sichtbar werden – in Funktionen, Kriterien, Prioritäten und in der Allokation erlaubter Kosten.

Nachhaltigkeit ist nicht gratis – aber teuer wird sie nur, wenn man sie ignoriert

Natürlich kosten nachhaltige Entscheidungen Geld. Aber sie zahlen sich aus – nicht nur ideell, sondern betriebswirtschaftlich. Sie vermeiden Rückrufe, verhindern Imageverluste, sichern Förderungen, erleichtern Investitionen, stabilisieren Lieferketten und erschließen neue Märkte.

Wer Nachhaltigkeit nicht einpreist, zahlt später doppelt – mit Risiken, Korrekturen und verlorenen Chancen. Wer hingegen bereit ist, sie gleich zu Beginn mitzudenken und gezielt zu gestalten, schafft wirtschaftliche Tragfähigkeit. Nicht trotz, sondern wegen der Anforderungen.

Nachhaltigkeit ist keine Frage von Haltung oder Regulierung allein. Sie ist Teil wirtschaftlicher Verantwortung. Und wer Wirtschaftlichkeit gestalten will, bevor es teuer wird, sollte auch das: Nachhaltigkeit rechtzeitig einpreisen.

Jetzt gestalten, nicht verwalten

Dieses Buch begann mit einer einfachen, aber grundlegenden Erkenntnis: Wer erst am Ende über Wirtschaftlichkeit nachdenkt, kommt zu spät. Es endet mit einem ebenso klaren Appell: Jetzt ist der richtige Moment, es anders zu machen.

Die vorgestellten Perspektiven, Prinzipien und Methoden sind kein theoretisches Modell – sie sind praxiserprobt, anwendbar und wirksam. Sie helfen, Komplexität zu strukturieren, Entscheidungen zu fundieren und Produkte, Prozesse oder Dienstleistungen so zu gestalten, dass sie wirken – für den Kunden und für das Unternehmen.

Doch entscheidend ist, was du daraus machst. Der Unterschied liegt nicht im Werkzeug, sondern in der Haltung: Früh zu denken, statt spät zu reagieren. Wert zu gestalten statt Kosten zu reparieren. Verantwortung zu übernehmen – für Wirkung, Aufwand und Entscheidung.

Wer diese Haltung teilt, entwickelt mehr als nur funktionierende Lösungen. Er entwickelt Lösungen, die relevant sind – wirtschaftlich, technisch, menschlich. Er gibt seinem Team und seiner Organisation etwas zurück, das mehr zählt als Effizienz: Sinn und Zukunft.

Dieses Buch will motivieren, verleiten Dinge neu zu denken – klarer, mutiger, konsequenter. Es will, dass du die Ärmel hochkrempelst und den nächsten Schritt machst: vom Wissen zur Wirkung, vom Gedanken zur Gestaltung.

Denn Wirtschaftlichkeit beginnt nicht mit einem Korrekturplan. Sie beginnt mit einem Gedanken - Deinem Gedanken.

Findings auf einen Blick

Vom Reagieren zum Gestalten – Wirtschaftlichkeit beginnt mit dem ersten Gedanken
Wer erst spät über Kosten spricht, verliert Gestaltungsspielräume – wer früh in Wirkung, Nutzen und Wirtschaftlichkeit denkt, gewinnt Markt, Kunden und Innovation.

Kundennutzen, Funktionen, Kosten – das neue Dreieck
Wirtschaftlich erfolgreiche Produkte entstehen, wenn Funktionen, Kosten und Kundennutzen gemeinsam gedacht, bewertet und gestaltet werden – nicht nacheinander, sondern von Anfang an.

Methoden, die wirken – fundiert und praxisnah
Methoden wie Target Costing, Design to Cost oder Wertanalyse sind keine Kontrolle – sie sind Werkzeuge, um den Kundennutzen gezielt zu gestalten und Wirtschaftlichkeit früh zu sichern.

Organisation auf Wirkung ausrichten.
Eine Organisation, die Wirkung gestalten will, braucht vernetzte Verantwortung, frühe Zusammenarbeit und die Bereitschaft, Wirtschaftlichkeit als gemeinsame Aufgabe zu verstehen.

Führung bedeutet – Fordern, befähigen, fördern
Gute Führung schafft den Rahmen, in dem Teams Wirkung gestalten können – durch klare Leitplanken, geteilte Verantwortung und die Bereitschaft, Wirtschaftlichkeit als aktiven Teil von Innovation zu verstehen.

Wertanalyse weiterdenken – für Zukunft und Komplexität
Wertanalyse bleibt relevant, wenn sie sich mit agilen Prinzipien, digitalen Werkzeugen und funktionalem Denken zur Wertentwicklung weiterentwickelt – als methodisches Rückgrat in einer komplexen, vernetzten Welt.

Wirtschaftlichkeit gestalten – nicht reparieren

Wirtschaftlichkeit ist kein nachträglicher Korrekturmodus, sondern ein strategisches Prinzip – wer früh gestaltet, spart nicht später, sondern entscheidet besser.

Kostenfalle Altprodukt – Der Preis gelebter Tradition

Gestaltung beginnt mit Klarheit, nicht mit Nostalgie. Wer früh die richtigen Fragen stellt, spart nicht nur – er gewinnt: an Einfachheit, an Marktnähe, an Zukunft.

Smarte Systeme wirtschaftlich denken – von der Lösung zum Systemwert

Smarte Systeme wirtschaftlich zu gestalten heißt, Nutzen, Wirkung und Aufwand über Disziplinen, Medien und Geschäftsmodelle hinweg zu strukturieren – und systematisch zu bewerten.

Variante? Klar -aber bitte mit System

Varianz braucht eine Architektur. Und eine Haltung: Nicht jede Idee verdient eine Ausführung. Doch jede Ausführung braucht eine Idee, wie sie sich rechnet.

Wert entwickeln – Zukunft gestalten,

Wer Wert entwickeln will, braucht Klarheit über Wirkung, Mut zur Entscheidung und die Bereitschaft, Wirtschaftlichkeit als zentrale Gestaltungskraft der Zukunft zu begreifen.

Zukunft beginnt jetzt - Nachhaltigkeit einpreisen

Nachhaltigkeit ist keine Frage von Haltung oder Regulierung allein. Sie ist Teil wirtschaftlicher Verantwortung. Und wer Wirtschaftlichkeit gestalten will, bevor es teuer wird, sollte auch das: Nachhaltigkeit rechtzeitig einpreisen.

Jetzt gestalten, nicht verwalten

Wirtschaftlichkeit beginnt nicht mit einem Korrekturplan. Sie beginnt mit einem Gedanken - Deinem Gedanken.

Definitionen – Wen es interessiert

Anforderungen *IEEE (Amerikanische Ingenieursvereinigung) Standard 29 148*
Eine Anforderung ist eine Aussage, die einen Wunsch samt seinen Einschränkungen und Randbedingungen ausdrückt oder übersetzt.

Design to Cost
DESIGN to COST (DtC) ist ein systematisches schrittweises Vorgehen mit dem Ziel, ein Projekt so zu steuern, dass für den definierten Kundennutzen, die gesetzten Kostenziele innerhalb der vorgegebenen Zeit erreicht werden.

Funktion
Eine Funktion ist eine Wirkungen, die von einem bestehenden oder noch zu entwickelnden Objekt ausgeht bzw. ausgehen soll.

Funktionenanalyse
Die Funktionenanalyse beschreibt die Funktionen und deren Beziehungen (Funktionenbaum), Funktionenmerkmale, Bedeutung und bewertet die vorliegende Funktionendarstellung als Basis der Zielsituation.

Nachhaltigkeit
Wirtschaftliche Aktivitäten so gestalten, dass sie langfristig lebensfähig sind und nicht nur kurzfristige Gewinne verfolgen, sondern auch ökologische und soziale Aspekte berücksichtigen

Re Engineering
Re Engineering bedeutet, ein bestehendes System oder eine bestehendes Struktur neu zu gestalten oder zu ersetzen, um diese an veränderte Rahmenbedingungen anzupassen.

Target Pricing
Target Pricing legt den Verkaufspreis eines Produktes oder einer Dienstleistung in zwei Schritten fest: Zuerst wird ermittelt welchen Preis Kunden bereit sind zu zahlen. Anschließend wird

die maximal zulässige Kostenhöhe berechnet, um die gewünschte Gewinnmarge zu erzielen.

Target Costing
Target Costing bedeutet, Produkte von Anfang an auf ein Kostenlimit hin zu entwickeln – abgeleitet vom Marktpreis und der angestrebten Marge, nicht von internen Kostenzielen.

Achtung: Ohne Target Pricing ergeben Target Costing und Design to Cost keinen Sinn. Die Methoden bauen aufeinander auf!!

User Experience
User Experience (UX) umfasst alle Reaktionen und Wahrnehmungen eines Nutzers im Kontakt mit einem Produkt, um die positive Gesamterfahrung, die den Wert des Produkts für den Nutzer steigert zu erfassen.

Value Management
Die moderne Wertanalyse steht im Sinne der Weiterentwicklung zum Value Management für eine ganzheitliche Wertoptimierung.

Value Proposition
Ein Wertversprechen beschreibt den spezifischen Kundennutzen eines Angebots. Es macht deutlich, warum das Angebot relevant ist, welchen konkreten Vorteil es bietet, welche Wirkung es entfaltet – und reduziert dabei wahrgenommene Risiken für den Kunden.

Wertanalyse (System, VDI-Blatt 2800)
Organisierter und kreativer Ansatz, der einen funktionenorientierten und wirtschaftlichen Gestaltungsprozess mit dem Ziel der Wertsteigerung eines WA-Objekts zur Anwendung bringt.

Wertanalyse (L.D. Miles)
Wertanalyse ist eine organisierte Anstrengung, die Funktionen eines Produktes für die niedrigsten Kosten zu erstellen, ohne

dass die erforderliche Qualität, Zuverlässigkeit und Marktfähig-
keit des Produktes negativ beeinflusst werden.

Über den Autor

Harald M. Grundner begleitet seit 1985 Unternehmen dabei, aus komplexen Herausforderungen marktwirksame Lösungen zu machen. Als Projektleiter, Berater, Trainer und Lehrbeauftragter verbindet er technische Tiefe mit strategischem Denken – immer mit dem Ziel, Wirtschaftlichkeit nicht zu verwalten, sondern mutig zu gestalten.

Seine Leidenschaft gilt der Entwicklung von Produkten, Prozessen und Systemen, die Wirkung entfalten – für Kunden, für Teams und für die Zukunft. In interdisziplinärer Zusammenarbeit erkennt er Potenziale, wo andere Grenzen sehen – und schafft Strukturen, in denen Menschen gemeinsam Großes erreichen können.

Harald M. Grundner gilt als Vordenker wirtschaftlicher Gestaltung im Kontext von Wertanalyse, Design to Cost und Value Management. Er ist Lehrbeauftragter beim VDI, Mitgestalter zentraler Richtlinien und Impulsgeber für Teams, die mit Freude das Möglichste aus dem scheinbar Unmöglichen machen.